Magic Learns to Write

©2023 Catherine West-McGrath

The right of Catherine West-McGrath as the author of this work has been asserted by her in accordance with the Copyright Designs and Patents Act 1988. All rights reserved, including the right of reproduction in whole or part in any form.

ISBN: 978-1-7391133-9-1

This Book Belongs To

My puppy is called Magic

She's very very smart

She loves to chase her ball and stick

But that is just the start

My puppy is called Magic

She's very very smart

She loves to chase her ball and stick

But that is just the start

Aa Aa Aa Aa Aa Aa Aa Aa Aa Aa

Bb Bb Bb Bb Bb Bb Bb Bb Bb Bb

Cc Cc Cc Cc Cc Cc Cc Cc Cc Cc

Aa Aa Aa Aa Aa Aa Aa Aa Aa Aa

Bb Bb Bb Bb Bb Bb Bb Bb Bb Bb

Cc Cc Cc Cc Cc Cc Cc Cc Cc Cc

Aa Aa Aa Aa Aa Aa Aa Aa Aa Aa

Bb Bb Bb Bb Bb Bb Bb Bb Bb Bb

Cc Cc Cc Cc Cc Cc Cc Cc Cc Cc

Aa Aa Aa Aa Aa Aa Aa Aa Aa Aa

Bb Bb Bb Bb Bb Bb Bb Bb Bb Bb

Cc Cc Cc Cc Cc Cc Cc Cc Cc Cc

I'm sure you won't believe me

But to everyone's delight

She's now become a super pup

Because she's learned to write

I'm sure you won't believe me

But to everyone's delight

She's now become a super pup

Because she's learned to write

Dd Dd Dd Dd Dd Dd Dd Dd Dd Dd Dd Dd

Ee Ee Ee Ee Ee Ee Ee Ee Ee Ee Ee Ee

Ff Ff Ff Ff Ff Ff Ff Ff Ff Ff Ff Ff

Dd Dd Dd Dd Dd Dd Dd Dd Dd Dd Dd Dd

Ee Ee Ee Ee Ee Ee Ee Ee Ee Ee Ee Ee

Ff Ff Ff Ff Ff Ff Ff Ff Ff Ff Ff Ff

Dd Dd Dd Dd Dd Dd Dd Dd Dd Dd Dd Dd

Ee Ee Ee Ee Ee Ee Ee Ee Ee Ee Ee Ee

Ff Ff Ff Ff Ff Ff Ff Ff Ff Ff Ff Ff

Dd Dd Dd Dd Dd Dd Dd Dd Dd Dd Dd Dd

Ee Ee Ee Ee Ee Ee Ee Ee Ee Ee Ee Ee

Ff Ff Ff Ff Ff Ff Ff Ff Ff Ff Ff Ff

I don't know how she did it

She learned so patiently

Perhaps she used her kennel

To practice secretly

I don't know how she did it

She learned so patiently

Perhaps she used her kennel

To practice secretly

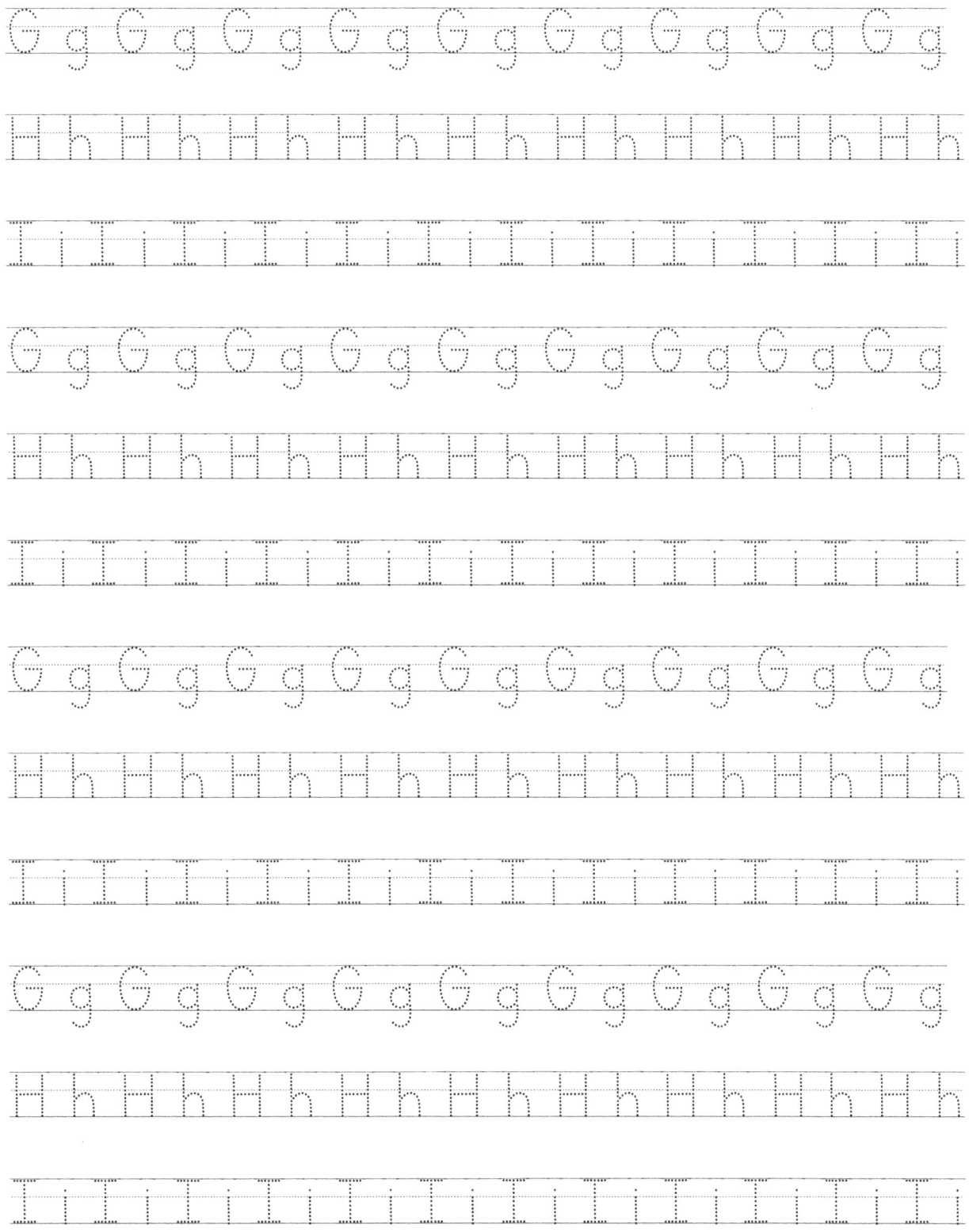

Or when we were all fast asleep

She traced her letters then

I wonder what she might have used

It must have been my pen

Or when we were all fast asleep

She traced her letters then

I wonder what she must have used

It must have been my pen

She's traced her Bs and Cs and Ds

Her writing looks so neat

She's learned each letter A to Z

Now her alphabet is complete

She traced her Bs and Cs and Ds

Her writing looks so neat

She's learned each letter A to Z

Now her alphabet is complete

Mm Mm Mm Mm Mm Mm Mm Mm Mm Mm

Nn Nn Nn Nn Nn Nn Nn Nn Nn Nn

Oo Oo Oo Oo Oo Oo Oo Oo Oo Oo

Mm Mm Mm Mm Mm Mm Mm Mm Mm Mm

Nn Nn Nn Nn Nn Nn Nn Nn Nn Nn

Oo Oo Oo Oo Oo Oo Oo Oo Oo Oo

Mm Mm Mm Mm Mm Mm Mm Mm Mm Mm

Nn Nn Nn Nn Nn Nn Nn Nn Nn Nn

Oo Oo Oo Oo Oo Oo Oo Oo Oo Oo

Mm Mm Mm Mm Mm Mm Mm Mm Mm Mm

Nn Nn Nn Nn Nn Nn Nn Nn Nn Nn

Oo Oo Oo Oo Oo Oo Oo Oo Oo Oo

She knows where letters need to go

At which point on each line

And now she writes so beautifully

She's learned to take her time

She knows where letters need to go

At which point on each line

And now she writes so beautifully

She's learned to take her time

Pp Pp Pp Pp Pp Pp Pp Pp Pp Pp Pp Pp

Qq Qq Qq Qq Qq Qq Qq Qq Qq Qq Qq Qq

Rr Rr Rr Rr Rr Rr Rr Rr Rr Rr Rr Rr

Pp Pp Pp Pp Pp Pp Pp Pp Pp Pp Pp Pp

Qq Qq Qq Qq Qq Qq Qq Qq Qq Qq Qq Qq

Rr Rr Rr Rr Rr Rr Rr Rr Rr Rr Rr Rr

Pp Pp Pp Pp Pp Pp Pp Pp Pp Pp Pp Pp

Qq Qq Qq Qq Qq Qq Qq Qq Qq Qq Qq Qq

Rr Rr Rr Rr Rr Rr Rr Rr Rr Rr Rr Rr

Pp Pp Pp Pp Pp Pp Pp Pp Pp Pp Pp Pp

Qq Qq Qq Qq Qq Qq Qq Qq Qq Qq Qq Qq

Rr Rr Rr Rr Rr Rr Rr Rr Rr Rr Rr Rr

We gave her a new writing pad
And pencils of her own
She likes to write us messages
When she wants another bone

We gave her a new writing pad
And pencils of her own
She loves to write us messages
When she wants another bone

Ss Ss Ss Ss Ss Ss Ss Ss Ss Ss Ss Ss Ss

Tt Tt Tt Tt Tt Tt Tt Tt Tt Tt Tt Tt Tt

Uu Uu Uu Uu Uu Uu Uu Uu Uu Uu Uu Uu Uu

Ss Ss Ss Ss Ss Ss Ss Ss Ss Ss Ss Ss Ss

Tt Tt Tt Tt Tt Tt Tt Tt Tt Tt Tt Tt Tt

Uu Uu Uu Uu Uu Uu Uu Uu Uu Uu Uu Uu Uu

Ss Ss Ss Ss Ss Ss Ss Ss Ss Ss Ss Ss Ss

Tt Tt Tt Tt Tt Tt Tt Tt Tt Tt Tt Tt Tt

Uu Uu Uu Uu Uu Uu Uu Uu Uu Uu Uu Uu Uu

Ss Ss Ss Ss Ss Ss Ss Ss Ss Ss Ss Ss Ss

Tt Tt Tt Tt Tt Tt Tt Tt Tt Tt Tt Tt Tt

Uu Uu Uu Uu Uu Uu Uu Uu Uu Uu Uu Uu Uu

Her shopping lists are all the same

But clear for us to read

Now she's never short of puppy treats

She has all a pup could need

Her shopping lists are all the same

But clear for us to read

Now she's never short of puppy treats

She has all a pup could need

www.ingramcontent.com/pod-product-compliance
Lightning Source LLC
Chambersburg PA
CBHW042033100526
44587CB00029B/4405